Aránzazu García Escuredo

O programa educativo da Orquestra Sinfónica da Galiza

Aránzazu García Escuredo

O programa educativo da Orquestra Sinfónica da Galiza

ScienciaScripts

Imprint
Any brand names and product names mentioned in this book are subject to trademark, brand or patent protection and are trademarks or registered trademarks of their respective holders. The use of brand names, product names, common names, trade names, product descriptions etc. even without a particular marking in this work is in no way to be construed to mean that such names may be regarded as unrestricted in respect of trademark and brand protection legislation and could thus be used by anyone.

Cover image: www.ingimage.com

This book is a translation from the original published under ISBN 978-620-2-01443-4.

Publisher:
Sciencia Scripts
is a trademark of
Dodo Books Indian Ocean Ltd. and OmniScriptum S.R.L publishing group

120 High Road, East Finchley, London, N2 9ED, United Kingdom
Str. Armeneasca 28/1, office 1, Chisinau MD-2012, Republic of Moldova, Europe
Printed at: see last page
ISBN: 978-620-7-69144-9

ÍNDICE

1. - Introdução.

Quando a Orquestra Sinfónica da Galiza (OSG) foi fundada em 1992, a Comunidade Autónoma da Galiza não dispunha de nenhum agrupamento de música clássica que oferecesse um programa anual de concertos de forma regular e não existia nenhuma entidade com capacidade para oferecer uma prática musical profissional aos estudantes de música, com exceção das bandas de música popular (que até então tinham suprido essa carência principalmente nos instrumentos de sopro, metais e percussão).

O trabalho educativo que a OSG tem vindo a desenvolver junto da sua comunidade tem vindo a mudar ao longo dos seus 25 anos de história, ao mesmo tempo que os cenários em que tem decorrido se têm alterado. Actualizações legislativas, novas redes de escolas de educação musical e a evolução dos tempos fizeram com que a Orquestra adaptasse a sua oferta a novas situações.

A OSG tem atualmente um programa educativo com duas linhas de trabalho bem definidas. Por um lado, está centrado na formação profissional de novos músicos, dando a oportunidade aos alunos dos conservatórios e escolas de música de terem uma experiência profissional com o método de trabalho de uma Orquestra. Por outro lado, a Orquestra centra parte do seu trabalho pedagógico no público em geral e na captação de novos públicos, tanto em colaboração com escolas primárias e secundárias, através de concertos didácticos e ensaios abertos dirigidos a públicos mais jovens; como em geral em concertos ao ar livre e gratuitos integrados no programa de festas da cidade e que aproximam a Orquestra de um público que normalmente não assistiria a um concerto num auditório.

Além disso, nos últimos anos, desenvolveu também um trabalho social dirigido a crianças em risco de exclusão social; realizando um trabalho inspirado no realizado no sistema venezuelano de orquestras juvenis.

Os objectivos deste trabalho são mostrar uma visão geral do programa educativo da OSG desde os seus inícios até ao presente, em relação ao seu ambiente e às ligações com outras entidades musicais e educativas. Pretende-se também demonstrar que a fundação da OSG deu um impulso à educação musical da Comunidade Autónoma, para além de criar uma reserva de talentos de músicos jovens e bem formados.

Para tal, serão tratados vários dados oficiais de organismos públicos e governamentais, bem como outros dados fornecidos pela própria orquestra e entidades relacionadas, assim como referências da imprensa local e inquéritos a antigos alunos. O intervalo temporal abrangerá cerca de trinta anos, uma vez que pretendemos ter uma visão alargada da evolução que a influência da orquestra teve no seu meio envolvente.

2. - O público da música sinfónica.

De muitas áreas se fala da crise das Artes do Espetáculo em geral e da Música Clássica em particular. Algo que é especialmente grave se tivermos em conta o desequilíbrio entre receitas e despesas na música clássica, que em geral não é mantida apenas pelas receitas de bilheteira, sendo necessárias para a sua subsistência as entradas de capital provenientes de subsídios, mecenato, etc. Este modelo de financiamento exige que as orquestras mantenham uma atividade visível que justifique a necessidade da sua existência.

Os dados sobre a afluência e a recolha de música clássica em Espanha de 2008 a 2012 (SGAE, 2013, p. 33) mostram que 18% dos concertos de música ao vivo são de música clássica, enquanto 82% são de música popular, que inclui géneros tão diversos como o jazz, o folk, o flamenco, etc.

Por Comunidades Autónomas, a frequência de 2001 a 2015 sofreu muitas variações e um declínio generalizado, sem dúvida ligado à crise económica a partir de 2008. De notar também que se regista um ligeiro aumento desde 2014, o que ainda é cedo para considerar encorajador (Figura 1).

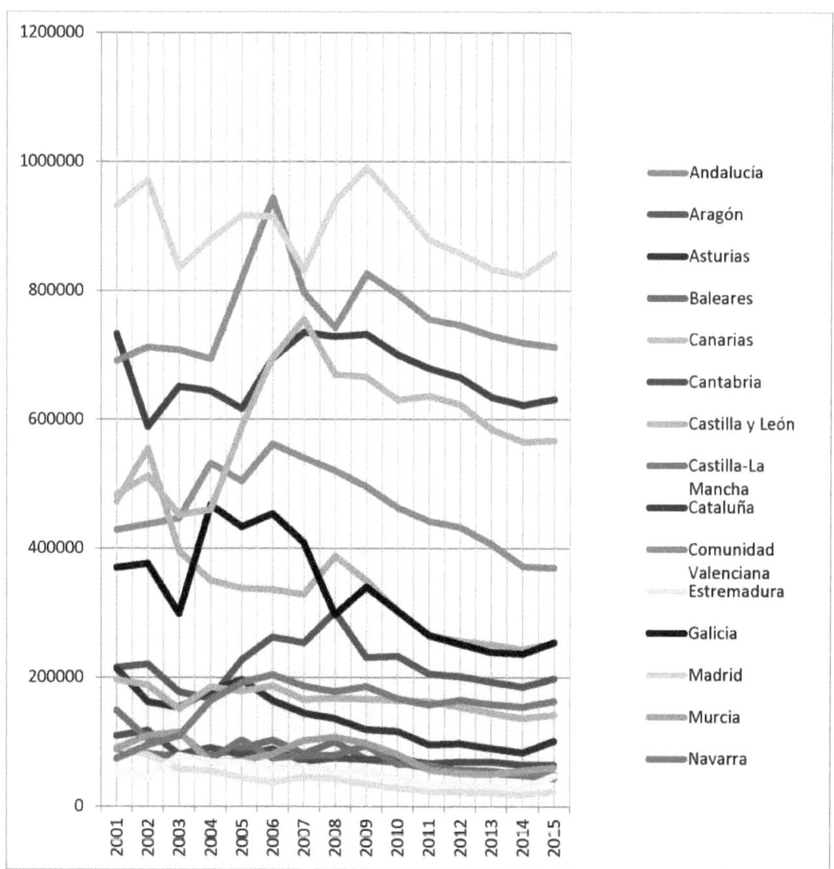

Figure 1: assistência à música clássica pelas Comunidades Autónomas de 2001 a 2015. Galiza destacada a preto. Dados (Observatorio da Cultura Galega, 2017).

É comum a ideia de que a chamada música clássica é elitista, minoritária, aborrecida e para pessoas mais velhas. Se olharmos para o perfil de quem assiste a este tipo de concertos, as estatísticas parecem dar razão a esse sentimento geral.

Os dados publicados regularmente pelo Ministério da Educação, Cultura e Desporto sobre os hábitos de consumo cultural em Espanha não deixam dúvidas de que o maior interesse pela música clássica se situa numa faixa etária que ultrapassa os 45 anos e que se desloca progressivamente para idades mais avançadas (Figura 2).

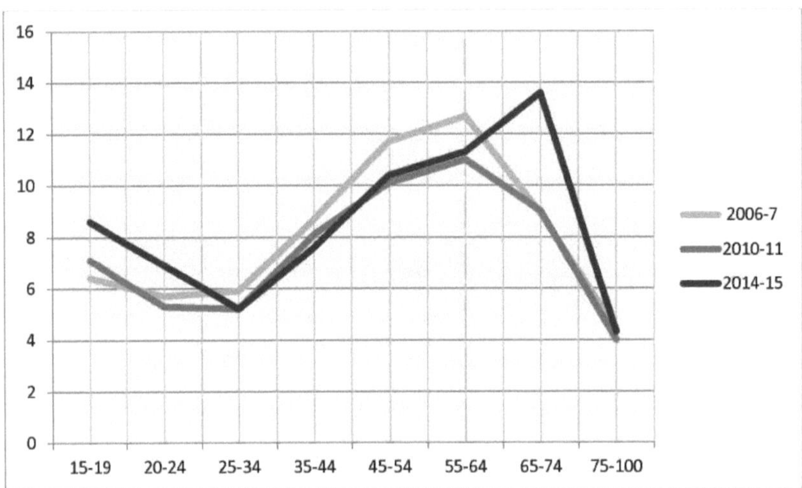

Figure 2: frequência por idades de 2006 a 2015. Dados (Ministério da Educação, da Cultura e do Desporto, 2017).

Se considerarmos também uma visão retrospetiva, verifica-se um envelhecimento acentuado da população que frequenta este tipo de eventos, embora seja verdade que, recentemente, se tenha registado também um aumento da frequência da população mais jovem (15-19 anos).

As mesmas estatísticas mostram que a afluência feminina a estes concertos é ligeiramente superior e que aumenta também em função da formação académica e do estatuto socioeconómico (entre as razões habitualmente invocadas para a não comparência estão a dificuldade de compreensão deste tipo de música e o preço dos bilhetes).

Com este panorama, quase todas as orquestras optam por ter um programa educativo e um programa especialmente direcionado para o recrutamento e fidelização de novos públicos, na esperança de restaurar e rejuvenescer o perfil dos frequentadores dos concertos.

No entanto, este trabalho não é fácil quando o público-alvo, a priori, não se sente atraído por este tipo de concertos, quer por desconhecimento, quer por preconceitos e ideias pré-concebidas, quer por considerá-lo algo estranho à sua identidade. Os mesmos inquéritos do Ministério mostram que 40'1% dos inquiridos considera que "a música clássica é difícil de compreender". Por idades, os jovens são os que mais denotam a dificuldade de compreensão. São também os que mais valorizam a ideia de que "a música clássica é mais para os mais velhos" quando questionados sobre a imagem que têm dela (44,7% dos inquiridos entre os 15 e os 19 anos e 41,6% entre os 20 e os 24 anos) (Figura 3).

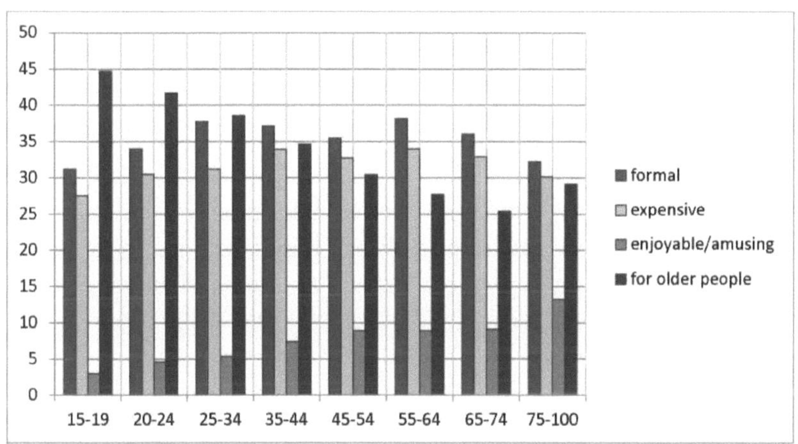

Figura 3: estatísticas do Ministério da Educação, da Cultura e do Desporto correspondentes a 2003.

A música é um forte sinal de identidade entre os jovens e cumpre muitas vezes uma função social (como veículo de diversão), mas é também "um instrumento, ou um pretexto, se quisermos, para a distinção social ou para o posicionamento do 'que é e deve ser 'um jovem'[1] (Megias Quirós e Rodriguez San Juliân, 2003).

Apesar do que possa parecer, esta situação não é nova. Já em 1930, Theodor Adorno se queixava de que os jovens não costumavam ir a concertos. Adorno salientava que os jovens eram entretidos pela rádio, pelos

1 Tradução própria, texto original: "un instrumento, o una excusa si se quiere, para la distinción social o el posicionamiento de 'lo que es y debe ser' un joven".

gramofones ou mesmo pelo cinema sonoro, sob a influência dos poderes dominantes e do capitalismo de confiança. (Adorno 1930/1984).

85 anos depois destas declarações, as queixas continuam mais ou menos as mesmas:

Assim, conscientes do importante papel desempenhado pela música na construção da identidade e sabendo que as pessoas mais vulneráveis neste sentido são os adolescentes, (...) compreendemos que a indústria discográfica se dirige especialmente a eles. Não se trata de um negócio que tenta "facilitar" a identificação dos jovens (...) garantindo assim o seu consumo. (Ruiz Rodriguez, 2015, pp. 3-4)[2] .

2 Tradução própria, texto original: *Asi pues, siendo consciente del papel tan importante que la mùsica juega en la construcción de la identidad y conocedor de que las personas màs vulnerables en este sentido son los adolescentes (...), entendemos que la industria discogràfica està especialmente dirigida a éstos. No en vano se trata de un negocio que intenta "facilitar" la identificación de los jóvenes (...) asegurândose asi su consumo.*

3. - As Orquestras Sinfónicas em Espanha.

Na década de 1990, a Espanha conheceu um aumento significativo na fundação de orquestras sinfónicas nas Comunidades Autónomas. Entre os anos 1987 e 2000 apareceram no panorama mais de quinze novas orquestras. A OSG, fundada em 1992, foi a primeira da Comunidade Autónoma da Galiza. Entre estes anos foram fundadas em Espanha a Orquestra Comunitária de Madrid (1987), a Orquestra de Vallés (1987), a Orquestra Sinfónica das Baleares "Ciudad de Palma" (1988), a Orquestra de Cadaqués (1988), a Orquestra Sinfónica de Sevilha (1990), a Orquestra Sinfónica de Castela e Leão (1991), a Orquestra do Principado das Astúrias (1991), a Orquestra Sinfónica da Galiza (1992), a Orquestra de Córdoba (1992), a Orquestra Nacional Jovem da Catalunha (1993), a Real Filarmonia da Galiza (1996), a Orquestra Filarmónica de Oviedo (1999) ou a Orquestra da Extremadura (2000), entre outras, segundo dados da Associação Espanhola de Orquestras Sinfónicas (AEOS).

Todo este florescimento das orquestras é propiciado por profundas mudanças políticas na estrutura geral do Estado. A Constituição de 1978 permite às autonomias recém nascidas gerir e promover a cultura. No Estatuto de Autonomia da Galiza de 1981, o artigo 32 estabelece a criação do *Consello da Cultura Galega* com o objetivo de "defender e promover os valores culturais do povo galego" (Ley Orgànica 1/ 1981). Assim, as diferentes Comunidades Autónomas vão assumindo competências culturais que favorecem o aparecimento de novas instituições culturais e educativas.

Por outro lado, a chegada da democracia também influencia um maior esforço por parte das instituições estatais para democratizar a cultura e facilitar o acesso a ela, mitigando as desigualdades. Uma das medidas tomadas a este respeito foi o Plano Nacional de Auditórios de 1984, promovido pelo Ministério da Cultura em colaboração com as Comunidades Autónomas, a fim de atribuir rubricas orçamentais para a construção de auditórios. Tratou-se de uma mudança substancial na oferta cultural, uma vez que, como consequência da construção de novos espaços, foram sendo criados progressivamente novos conjuntos sinfónicos para cobrir a procura gerada pelos públicos (Carrasco Arroyo e Rausell Koster, 2001). Em 1989, numa sessão plenária do Senado, o então Ministro da Cultura do governo socialista, Jorge Semprùn, destaca este objetivo:

Devo salientar que tudo o que foi feito desde 1982 (...) é precisamente em função desse objetivo: reduzir ou limitar as desigualdades.

Qual é o objetivo da rede de auditórios se não for este? (Semprun 1989, p.11).[3]

Os auditórios de Las Palmas de Gran Canaria, San Sebastiàn, Barcelona, Madrid, Oviedo, Euskalduna Jauregia de Bilbao, Girona, León, Amposta, Vitoria, Cabildo de Tenerife e a remodelação do Palau de la Mùsica Catalana, O Teatro Liceu de Barcelona e a Escola Isaac Albéniz de Madrid foram construídos graças ao Plano Nacional de Auditórios (Rodriguez Morató e Rubio Aróstegui, 2008).

O *Palácio de Congressos e Exposições* de La Coruña não foi construído dentro deste plano. Anos depois da sua inauguração em 1989, as deficiências das suas infra-estruturas para receber grandes óperas levaram à sua reforma em 1999, ano a partir do qual receberia a denominação de *Palácio de Congressos e da Ópera*, sendo atualmente apenas *Palácio da Ópera (Figura 4)*, tendo sido construído em 2004 um novo Palácio de Congressos.

3 Tradução própria, texto original: Debo senalar que todo lo que se està haciende desde el ano 1982 [...] està precisamente en función de ese objetivo: disminuir o limitar las desigualdades.
Qual é o objetivo da rede de auditores se não for esse?

Figura 4: Palácio de la Òpera de La Coruña. Por José Luis Cernadas Iglesias[4]

3.1.- As jovens orquestras em Espanha

Parece ser consensual em todas as fontes a notável melhoria do panorama orquestral nacional nos últimos vinte anos, devido a vários factores como a rede de auditórios criada graças ao Plano Nacional de Auditórios nas principais cidades e que cedeu a todas as Comunidades Autónomas espaços para o desenvolvimento de actividades orquestrais, tornando necessária a fundação de novas orquestras sinfónicas para utilizar as novas infra-estruturas, que de outra forma não teriam sentido. No total, podemos falar de vinte e oito orquestras profissionais em Espanha (contando exclusivamente com as que são membros da Associação Espanhola de Orquestras Sinfónicas).

Simultaneamente, surgiram numerosas orquestras jovens, escolas de orquestra, orquestras de jovens estudantes, etc., a maior parte delas dependentes das administrações públicas locais, regionais ou nacionais e

4 Originalmente publicado no Flickr como Palacio de la Opera, CC BY 2.0, https://commons.wikimedia.org/w/index.php?curid=8988133

outras, como a OJSG, diretamente associadas a orquestras sinfónicas profissionais (Garre, 2008).

O quadro 1 mostra as diferentes orquestras jovens organizadas segundo o ano de fundação. Só aparecem aqui exclusivamente as orquestras jovens associadas à Associação Espanhola de Orquestras Jovens (AEJO), mas existem muitos outros agrupamentos de características semelhantes que não estão associados à referida entidade.

Year	Orchestra	Name
1981	OJRM	Orquesta Joven de la Región de Murcia
1983	JONDE	Joven Orquesta Nacional de España
1988	OS Iuventas	Orquesta Sinfónica Iuventas
1989	JOGC	Joven Orquesta de Gran Canaria
1991	JOCM	Joven Orquesta de la Comunidad de Madrid
	JOVG	Joven Orquesta de la Generalitat Valenciana
	JOPM	Joven Orquesta de la Provincia de Málaga
1993	JONC	Joven Orquesta Nacional de Cataluña
1994	OJSG	Orquesta Joven de la Sinfónica de Galicia (Before EPO)
1997	AEOOST	Academia de Estudios Orquestales de la Orquesta Sinfónica de Tenerife
	EGO	Joven Orquesta de Euskadi (Euskal Herriko Gazte Orkestra).
1998	JOSPA	Joven Orquesta Sinfónica del Principado de Asturias
	JOSSV	Joven Orquesta Sinfónica Solidaria de Valencia
2003	JOSV	Joven Orquesta Sinfónica del Vallés
2004	JOSS	Joven Orquesta Sinfónica de Soria
	JOSCyL	Joven Orquesta de Castilla y León
	OJE	Orquesta Joven de Extremadura
2015	OJA	Orquesta Joven de Albacete

Quadro 1: Orquestras Sinfónicas Jovens em Espanha por ano de fundação.

O desempenho e os objectivos destas jovens orquestras são geralmente semelhantes:

Para atingir o objetivo profissional dos seus membros, praticamente todas as orquestras jovens seguem um esquema de funcionamento que se pode resumir nos seguintes pontos: seleção rigorosa dos candidatos, atividade concentrada em encontros periódicos, digressão de concertos no final de cada encontro, gravações (Turina, 2008 p.77)[5] .

5 Tradução própria, texto original: Para conseguir o objetivo profissionalizante dos seus integrantes, a prática total das orquestras juvenis segue um esquema de funcionamento que pode resumir-se nos seguintes pontos: seleção rigorosa de candidatos, atividade concentrada em encontros periódicos, gira de concertos ao término de cada encontro, gravações

4. - Música e educação musical na Galiza antes da OSG.

4.1.- as bandas de música popular.

A Galiza é, depois de Valência, uma das regiões com mais bandas de música distribuídas pelo seu território. Pequenas localidades com apenas 5000 habitantes podem ter até duas bandas de música. É uma tarefa complicada fazer um mapa exaustivo das bandas de música da Galiza. Enrique Iglesias Alvarellos publicou um livro intitulado *Las bandas de Mùsica de Galicia* (Alvarellos, 1986). Por sua vez, o Instituto Galego de Artes Cénicas e Música (IGAEM, 2001) realizou em 2001 a edição de um Anuário de Bandas de Música Popular. Consultando ambos os documentos e a lista da Federação Galega de Bandas de Música Popular (FGBMP, 2017) encontramos dados contraditórios, especialmente no que diz respeito às datas de fundação, deficiências e imprecisões difíceis de corrigir. Muitas vezes acontece que bandas que desapareceram durante muito tempo foram fundadas novamente anos mais tarde com o mesmo ou outro nome e a nova banda que surgiu é considerada herdeira direta da entidade histórica, adoptando a sua data de fundação como sua. Depois de contrastar as três fontes mencionadas e comprovar a existência de alguns grupos consultando os sítios web institucionais das respectivas Câmaras Municipais, o panorama das bandas na Galiza pode ser (sempre de forma aproximada) o que se apresenta no quadro 2:

Province	Total number of Bands currently active.	Bands founded between 1980 and 1995
A Coruña	47	23
Lugo	21	8
Ourense	12	2
Pontevedra	77	40

Tabela 2: Bandas de música nova em relação ao número total.

Tendo em conta o ano de fundação, o mapa das bandas de música por província é apresentado na Figura 5:

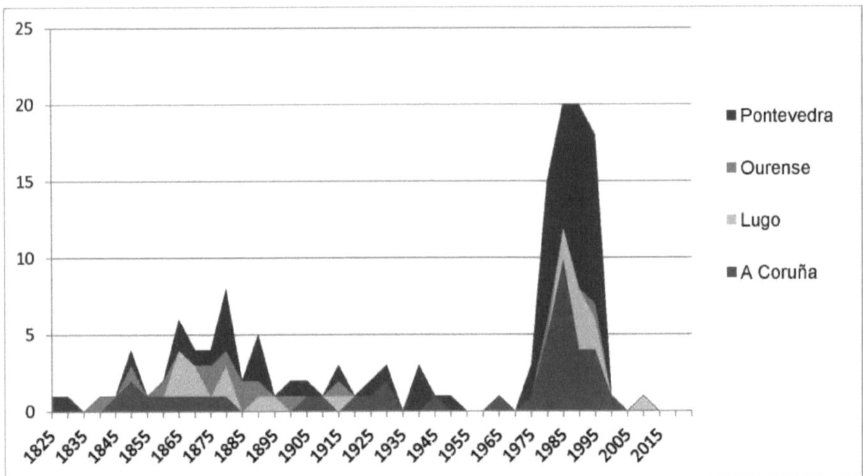

Figura 5: Cronologia da fundação de Bandas de Música nas províncias galegas.

É possível observar claramente como as quatro províncias vivem com maior ou menor intensidade dois períodos importantes na fundação de novas bandas. O primeiro remonta ao período entre 1865 e 1885, onde se destaca a província de Ourense. Cerca de cem anos mais tarde, entre 1980 e 1995, verifica-se um ressurgimento do fenómeno das bandas realmente notável em todas as províncias, mas especialmente na província de Pontevedra.

A história das bandas de música não tem sido linear, mas os acontecimentos históricos geraram alguma instabilidade na sua permanência, podendo-se identificar várias fases:

1. Fase de criação, especialmente centrada na segunda metade do século XIX.
2. Fase de crise ou de recessão, a partir dos anos 30 do século XX.
3. Fase de recuperação sustentada dos anos 40 do século XX.
4. Fase de restauração, a partir dos anos 80 do século XX. (López Cobas, 2008, p. 82).[6]

Destacam-se as províncias de A Coruña e Pontevedra pelo número de

6 Tradução própria, texto original : *La historia de las bandas de mùsica no ha sido lineal, sino que los acontecimientos históricos generaron cierta inestabilidad en su permanencia, pudiendo identificarse diversas etapas:*

1. Fase de criação, especialmente centrada na segunda metade do séc. XIX.
2. Fase de crise ou recessão, a partir dos anos 30 do s. XX.
3. Fase de recuperação sustentada a partir dos anos 40 do séc. XX.
4. Fase de restauro, desde os anos 80 do séc. XX.

bandas activas em relação a Lugo e Ourense. Esta tendência tradicional nas províncias costeiras deve-se a vários factores, entre os quais se destacam o florescimento de uma burguesia próspera em relação ao comércio marítimo e a importância deste comércio na introdução de instrumentos e correntes musicais na região (López Cobas, 2008). Há que ter em conta que a existência de rotas comerciais nas províncias costeiras é tão importante como a inexistência de boas rotas comerciais terrestres nas províncias do interior.

A criação de novas bandas precisamente nos anos 80 e 90 parece estar relacionada com o reforço que a educação musical experimentou desde os anos 70 graças à modificação do sistema educativo. Também foi reforçada pelo surgimento de novos centros de educação musical numa rede de filiais municipais como resultado da reorganização municipal estabelecida pelo Estatuto de Autonomia da Galiza em 1981 (López Cobas, 2013). Estas escolas ainda não faziam parte da rede de escolas da Comunidade Autónoma da Galiza. Mais uma vez, a descentralização de competências culturais e educativas gerada pela nova estrutura do Estado no período democrático levou a um aumento substancial de grupos musicais e escolas de educação musical.

Figura 6: Banda de Mùsic de Valga numa atuação em Pontecesures. Por Fernangomen.

4.2.- Conservatórios e escolas de música.

Atualmente, a Galiza conta com dois Conservatórios Superiores de Música (para o ensino superior) e uma rede de Conservatórios Profissionais de Música (para o primeiro ao sexto ano) dependentes da Junta, além de outros centros oficiais e não oficiais geridos por diversas entidades. No entanto, esta infraestrutura é um fenómeno relativamente recente, já que no início dos anos 80 a formação musical estava predominantemente a cargo de associações, patronatos, escolas de bandas de música e conservatórios dependentes das Câmaras Municipais e das Juntas Provinciais.

A LOGSE *(Lei Orgânica 1/1990, de 3 de outubro, de Ordenação Geral do Sistema Educativo)* começa a ser implantada no Grau Elementar de Música no curso 92-93. Como consequência da implementação da LOGSE, foi criada uma rede de Escolas de Música através da *Ordem de 30 de julho de 1992, que regula as condições de criação e funcionamento das Escolas de Música e Dança*. Na Galiza materializou-se na *Ordem de 11 de março de*

1993 para regular as condições de criação e funcionamento das Escolas de Música e Dança da Comunidade Autónoma da Galiza.

Todos estes fenómenos constituem, portanto, uma revolução e um crescimento exponencial da educação musical num período de tempo relativamente curto. Esta função correspondia, até então, às bandas de música, que constituíam a mais importante fonte de ensino musical. Muitos dos Conservatórios Municipais que foram incorporados na rede autónoma funcionavam anteriormente dependendo direta ou indiretamente das bandas municipais e os seus professores provinham maioritariamente destas entidades.

Apesar de muitos centros de educação musical terem orquestras e bandas como atividade extracurricular, a legislação educativa no que diz respeito à organização do ensino artístico nas escolas públicas tem deixado bastante de lado a formação orquestral dos jovens músicos. Ao ponto de ser uma disciplina praticamente inexistente na maioria dos cursos e vagamente incorporada em alguns currículos com a nomenclatura de "prática instrumental" ou "conjunto instrumental". É necessário esperar pela implementação dos currículos derivados da aplicação da Lei Orgânica da Educação (LOE) de 1990 para se poder ver uma disciplina de orquestra claramente definida e com uma calendarização relevante.

A LOE já especifica dois tipos de agrupamento consoante o instrumento: Orquestra nas especialidades de Harpa, Clarinete, Contrabaixo, Fagote, Oboé, Percussão, Saxofone, Trombone, Trompete, Trompete, Tuba, Viola, Violino e Violoncelo e Banda Nas especialidades de Clarinete, Contrabaixo, Fagote, Flauta, Oboé, Percussão, Saxofone, Trombone, Trompete, Trompete, Tuba. Para uma visão geral da legislação educativa em Espanha, ver quadro 3.

Atualmente, apesar do que foi dito sobre a legislação, muitas escolas têm banda e orquestra no Ensino Profissional e existem mesmo pequenos agrupamentos extracurriculares para os níveis elementares de música.

Durante os anos 90, na Galiza, os conservatórios foram-se tornando gradualmente dependentes da Junta Autónoma da Galiza, coincidindo com a introdução do LOGSE, que no grau superior começa no curso de 2001-2002. A nova ordem foi uma revolução no campo musical, legislou os requisitos mínimos dos centros, obrigando, na maioria dos casos, a construir novos edifícios. (...) talvez o passo mais importante, foi a criação da disciplina de orquestra e a organização dos postos escolares de acordo com a orquestra de câmara nos graus médios e uma orquestra sinfónica no grau superior. (Cid, 2012, p. 3)[7]

Direito da Educação	Grau elementar	Profissional/grau médio	Grau superior
Plano 66 DECRETO 2618/1966, de 10 de setembro de 1966.		**art. 5.3.b** dois cursos de conjunto instrumental.	
LOGSE **DECRETO REAL 756/1992, de 26 de junho de 1992 (graus elementar e profissional).** **DECRETO REAL 617/1995, de 21 de abril de 1995 (grau superior).**		**Art. 11** 2. Para além das disciplinas previstas na secção anterior, os alunos terão de executar as seguintes disciplinas de cada especialidade, de acordo com a alínea b) do artigo 10º: a) Nas especialidades de Harpa, Clarinete, Contrabaixo, Fagote, Flauta, Oboé, Percussão, Saxofone, Trompete, Trombone, Tuba, Viola, Violino e Violoncelo: **Orquestra**	Estabelece-se, em função de cada instrumento, a disciplina de: **Orquestra** / **Conjunto**
LOE **DECRETO ROYAL 1577/2006, de 22 de dezembro de 2006. Que estabelece os aspectos básicos do currículo do ensino profissional da música regulado pela Lei Orgânica de Educação 2/2006, de 3 de maio? DECRETO REAL 631/2010, de 14 de maio, (Grau superior).** **DECRETO REAL 1027/2011, de 15 de julho de 2011 Estabelece o Quadro Espanhol de Qualificações para o Ensino Superior (MECES).** ***DECRETO 163/2015, de 29 de outubro de***		No seu **art. 6** estabelece as disciplinas de "**Orquestra**: Nas especialidades de Harpa, Clarinete, Contrabaixo, Fagote, Flauta, Oboé, Percussão, Saxofone, Trombone, Trompete, Trompete, Tuba, Viola, Violino e Violoncelo. E "**Banda**: Nas especialidades de Clarinete, Contrabaixo, Fagote, Flauta, Oboé, Percussão, Saxofone,	**No anexo III Conjunto musical.** (Agrupamento não especificado) "[...] Prática da interpretação musical em grupo e em diferentes formações e repertórios [...]".

7 Tradução própria, texto original: Durante a década dos 90, na Galiza, os conservatórios passaram gradualmente a depender da Xunta de Galicia, coincidindo com a implantação da LOGSE, que no grau superior começa no curso 2001 - 2002. La nueva ordenación supuso una revolución en el ambito musical, legisló los requisitos minimos de los centros, obligando, la mayoria de las veces a construir nuevos edificios. [...] quizà el paso màs importante, fue la creación de la asignatura de orquesta y la organización de los puestos escolares en función de la formación de la orquesta de càmara en el grado profesional, y de una orquesta sinfònica en el grado superior. (Cid, 2012:3).

2015 *(grau superior na Galiza).*	Trombone, Trompete, Trompete, Tuba".

Tabela 3: Legislação educativa espanhola e prática orquestral.

Quanto aos centros de educação musical em geral, podemos observar o mesmo fenómeno que se manifesta na fundação de bandas de música. As províncias costeiras têm um número muito maior de escolas públicas e privadas (Conselleria de Educación, 2017), (tabela 4).

	A Coruña	Lugo	Ourense	Pontevedra
Middle-grade conservatories dependent on the Autonomous Government.	3	1	1	2
Higher-grade conservatories dependent on the Autonomous Government.	1			1
Middle-grade conservatories dependent on City Councils.	8	3	6	10
City Councils Music Schools (non-professional studies).	21	18	9	24
Private Music Schools authorized to teach professional studies.	6	4	2	6
Private Music Schools (non-professional studies).	10	3	3	18

Tabela 4: actuais centros de educação musical na Galiza.

A maioria das escolas e conservatórios dependentes das Câmaras Municipais estão situados em localidades com bandas de música de certa tradição, como a banda de Merza, Vlla de Cruces (Pontevedra), a banda de Sober (Lugo), a banda de O Rosal (Pontevedra) ou Visantona, Santiso (A Coruna) entre muitos outros exemplos (Figura 6).

A importância das bandas de música na formação musical dos músicos pode ser constatada nos resultados dos inquéritos aos ex-alunos da OJSG, onde foram questionados sobre a sua experiência antes e depois da sua passagem pela Orquestra (Figuras 7 e 8).

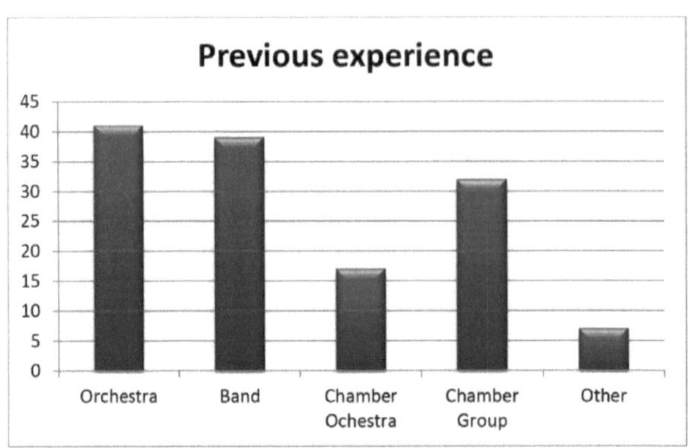

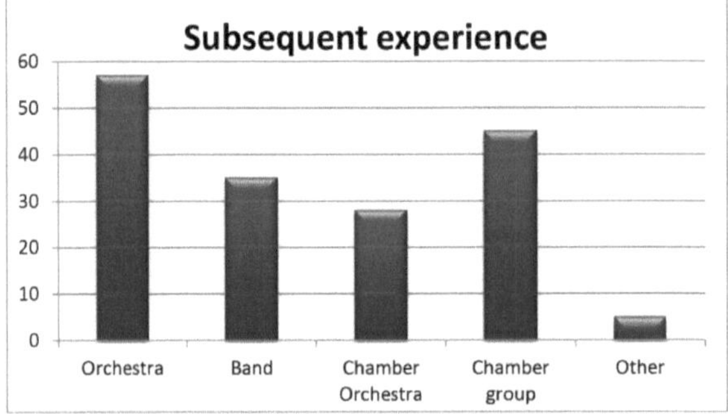

Figuras 7 e 8: Experiência musical anterior e posterior.

É possível constatar que as bandas constituem uma parte importante da experiência musical anterior dos antigos alunos do OJSG. É também de notar que muitos, quando se referem a uma experiência orquestral anterior, estão a referir-se a orquestras de estudantes em escolas e conservatórios, e não a orquestras profissionais. É também interessante notar que a experiência posterior, em vez de supor um abandono das bandas de música, implica um regresso às mesmas. Muitos dos inquiridos regressaram às suas bandas de origem como músicos profissionais e até para integrar o corpo docente da entidade.

5. - Os Concertos Didácticos.

5.1.- Breve revisão da história dos concertos didácticos.

Não podemos falar da história dos concertos didácticos sem olhar para os Estados Unidos, embora seja difícil saber quando e onde este tipo de concertos começou a ser programado pelas orquestras sinfónicas.

"O mais antigo Concerto para Jovens (YPC) que se pode documentar foi realizado em Cincinnati, Ohio, pela Sociedade Filarmónica no dia 4 de julho de 1858" (Moràn, 2017). Mais tarde, a Orquestra Sinfónica de Chicago (CSO) realizou algumas matinés para famílias sob a batuta de Theodore Thomas na década de 1880. A CSO continuou a desenvolver o seu trabalho pedagógico desde então até aos dias de hoje, que continua a manter matinés musicais para crianças.

Durante a época de 1919-20, Frederick Stock inaugurou uma série regular de concertos para jovens por subscrição, bem como a Civic Orchestra of Chicago, uma orquestra de formação. Desenvolveu também a série de Concertos Populares, que apresentava uma vasta gama de música, desde o Quebra-nozes de Tchaikovsky a aberturas de Wagner e valsas de Strauss. (CSO Rosenthal Archives, 2010).

Muitos outros nomes foram acrescentados à lista de maestros que desenvolveram este trabalho pedagógico. Entre outros, podemos citar Josef Stransky, que realizou concertos para jovens em pequena escala com a Orquestra Filarmónica de Nova Iorque (NYPO) a partir da temporada de 1913-14, ou os irmãos Damrosch, que realizaram tais concertos já no final do século XIX no Carnegie Hall (Olsen, 2009). A utilização dos meios de comunicação social para a divulgação de conteúdos educativos tem um precedente em Walter Damrosch, que "foi um pioneiro da radiodifusão sinfónica e também criou uma série semanal de palestras radiofónicas sobre apreciação musical para escolas, que foi para o ar de 1928 a 1942" (Walter Damrosch in Encyclopaedia Britannica, 2014).

No entanto, só em 1958, com Leonard Bernstein, é que os concertos para jovens da NYPO adquirem uma grande popularidade, graças à difusão televisiva e ao indubitável carisma e qualidades pedagógicas do seu diretor.

É interessante notar que, para Bernstein, a música era uma linguagem em si mesma e não precisava de uma história para a explicar, uma vez que para ele as histórias não são o significado da música. A música nunca lida com coisas. A música simplesmente é (Bernstein, 2005). Assim, a música programática, que a priori parece ser mais viável de ser utilizada neste tipo de concertos, não constituía uma parte determinante dos seus concertos didácticos.

Bernstein actuou nos Concertos para Jovens de 1958 a 1972. Na opinião do seu editor Jack Gottlieb, houve outros *Young People's Concerts* durante os catorze anos do período de Bernstein e depois com a NYPO interpretados por outros músicos; mas nenhum deles cativou o público com a mesma emoção (Bernstein, 2005).

Atualmente, vale a pena mencionar o projeto *Link Up* posto em prática pelo Carnegie Hall para juntar orquestras sinfónicas, conservatórios e salas de aula de música num projeto educativo comum. No sítio Web do projeto, é disponibilizado material pedagógico ad hoc para desenvolver um trabalho coordenado com as escolas.

Atualmente, muitas orquestras de todos os Estados Unidos e do Canadá estão associadas a este projeto, mas orquestras de outros países também começam a participar (Figura 9). Na Europa, as duas únicas orquestras colaboradoras reconhecidas pelo projeto são a Orquestra do Principado das Astúrias (OPA) e a Orquestra Sinfónica dos Conservatórios de Almendralejo e Mérida (OSCAM).

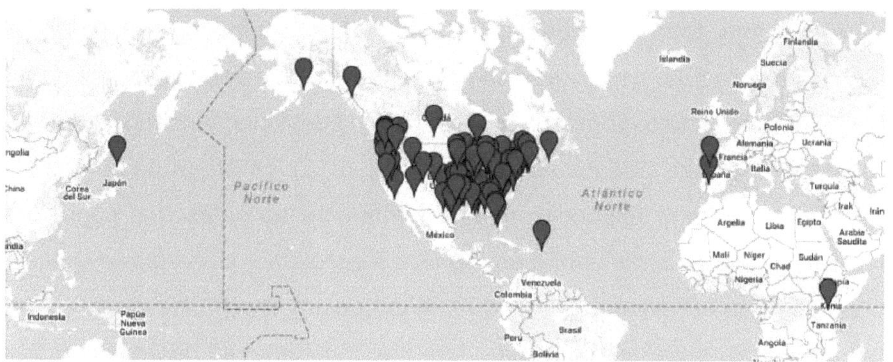

Figura 9: mapa dos parceiros do projeto Link Up. Do sítio Web do Projeto Link Up.

5.2. - Os Concertos Didácticos em Espanha.

No sector da televisão em Espanha, temos de recuar até 1976 para encontrar um fenómeno semelhante aos *Concertos para Jovens* na televisão com o programa dirigido pelo maestro Enrique Garcia Asensio *El Mundo de la Mùsica* (O *Mundo* da Música) que foi transmitido entre 1976 e 1981, seguindo o modelo de Bernstein (Garcia Asensio conhecia pessoalmente o grande Bernstein).

Com um formato diferente, entre 2000 e 2009, *El Conciertazo*, sob a direção de Fernando Argenta e Araceli Fernàndez Campa, passou a abordar a função pedagógica musical na programação televisiva. (Rodriguez Ferrandiz, 2010).

Fernando Argenta também exerceu este trabalho pedagógico juntamente com a sua companheira através da rádio com o programa *Clàsicos Populares* de 1976 a 2008. A rádio é também o meio em que Fernando Palacios, reconhecida personalidade da educação e da difusão musical, dirigiu vários programas educativos como *Sonido y Oido* (Som e Audição), *Cosas de Palacios* (Coisas de Palacios), etc.

Em Espanha, fora dos meios de comunicação, os concertos didácticos levados a cabo pelas orquestras evoluíram muito. Os concertos didácticos surgiram nos anos 90 (coincidindo com uma época de fundação de novas orquestras em toda a geografia espanhola). O primeiro departamento didático foi o da Filarmónica de Gran Canaria que, nos primeiros anos desta década, se tornou o primeiro departamento educativo fundado por uma orquestra (Palacios, 2015 e Alonso Santana 2015). "A oferta deste tipo de concertos aumentou exponencialmente: enquanto as salas dos concertos clássicos 'normais' continuam a esvaziar-se lentamente, começam a encher-se de crianças" (Palacios, 2015, p.7). A Orquestra da Cidade de Granada também esteve entre os pioneiros e tem um departamento de ensino desde 1994.

Em 2002, o Real Decreto 1245/2002, de 29 de novembro, que aprova o Regulamento e Funcionamento da Orquestra e Coro Nacional de Espanha, estabelece no seu artigo 3.º-A relativo às funções da Orquestra e Coro Nacional de Espanha (OCNE) o seguinte: "Apoiar o acesso da música sinfónica de todos os sectores da sociedade, através da programação de concertos didácticos e de divulgação".

Nas 'Jornadas de Orquestra Sinfónica no Século XXI', realizadas em Madrid nos dias 26 e 27 de outubro de 2010 e organizadas pela Associação Espanhola de Orquestras Sinfónicas (AEOS), ficou clara a necessidade de desenvolver programas educativos cada vez mais ambiciosos e centrados no público infantojuvenil, bem como no grupo de pessoas que vivem na comunidade em que uma determinada orquestra ou instituição desenvolve a sua atividade (Càmara et al., 2012, p.11)[8] .

Em setembro de 2005, a Fundação Barenboim-Said lançou um projeto de Educação Musical Infantil (EMI) destinado a crianças da escola primária pública da Andaluzia.

O tema dos concertos didácticos tem sido uma preocupação generalizada. Em 2009 realizou-se uma Conferência sobre concertos didácticos coordenada pelo Centro de Documentação Musical da Andaluzia.

---

8 Tradução própria, texto original: "Nas 'Jornadas sobre a orquestra sinfónica no século XXI', celebradas em Madrid nos dias 26 e 27 de outubro de 2010 e organizadas pela Associação Espanhola de Orquestras Sinfónicas (AEOS), se puso de manifiesto la necesidad de desarrollar programas educativos cada vez màs ambiciosos y centrados tanto en el pùblico infantil y juvenil, como en el conjunto de personas que viven en la comunidad en la que determinada orquesta o institución realiza su actividad".

Atualmente está presente a Associação das Organizações de Concerto Educativo e Social (ROCE), que foi fundada em 2012 por iniciativa de várias Orquestras mas também de outras entidades. Os Parceiros desta Organização podem ser classificados na tabela 5 de acordo com a sua natureza (Roce, 2017). Os objectivos desta organização são, entre outros, os seguintes:

Promover a criação de Serviços ou Departamentos Pedagógicos em orquestras, auditórios, espaços cénicos, fundações e outras instituições (festivais de música e dança, administrações públicas,(...) para desenvolver programas de concertos didácticos e acções musicais educativas especialmente dirigidas a crianças e jovens em idade escolar.

(...)

Gerar programas de formação especializada em concertos didácticos.

Estimular linhas de investigação no domínio deste tipo de actividades.

Interessar os compositores na participação e criação neste domínio.

Unir esforços para criar programas educativos interdisciplinares. (Roce, 2017)*[9] .

---

9 Tradução própria, texto original: Impulsar la creación de Servicios o Departamentos Educativos en orquestas, auditorios, espacios escénicos, fundaciones y otras instituciones (festivales de mùsica y danza, administraciones pùblicas,...) que desarrollen programas de conciertos didacticos y acciones educativas de mùsica especialmente dirigidas a escolares y jòvenes. [Gerar programas de formação especializada em cursos didácticos.
Estimular linhas de investigação no âmbito deste tipo de actividades.
Interessar os compositores e compositoras na participação e criação neste domínio.
Aunar esfuerzos para crear programas educativos interdisciplinares.

Orchestras	Auditoriums	Public Entitues	Other Entities
Orquesta Sinfónica de Navarra	L'Auditori	Ayuntamiento de Gijón-Fundación Municipal de Cultura	La Caixa Foundation
Orquesta Sinfónica de Euskadi	Palau de la Música Catalana	Consejería de Cultura de la Junta de Andalucía-Abecedaria	Bilbao 700 Foundation
Orquesta Sinfónica de Bilbao	Auditorio Miguel Delibes-Orquesta Sinfónica de Castilla y León	Instituto Valenciano de Cultura	
Orquesta Filarmónica de Gran Canaria	Gran Teatre del Liceu	Centro Nacional de Difusión Musical	
Orquesta Sinfónica del Vallés	Auditorio de Tenerife		
Orquesta de Cámara Carlos III			
Orquesta y Coro Nacionales de España			
Orquesta Sinfónica de Tenerife			

Quadro 5: Parceiros ROCE.

Como se pode verificar, a tendência dos últimos tempos é para a criação de programas pedagógicos alargados que cruzem diferentes frentes de ação e envolvam várias entidades (ROCE, Link Up, IME).

As actividades didácticas das orquestras começaram a ser pouco mais do que concertos comentados, com um mestre de cerimónias que, com maior ou menor graciosidade, introduzia as crianças no mundo da música clássica, geralmente através da música programática ou de anedotas.

Atualmente, os departamentos didácticos das orquestras desenvolvem programas que incluem não só este tipo de concertos, mas também workshops mais práticos, elaboração de guias didácticos, actividades de formação para os especialistas de música das escolas, etc.

6. - O Programa Educacional OSG.

6.1.- O E.P.O., o início de um programa de formação musical.

Com o nome de *Escola de Prática Orquestral* (EPO), a OSG iniciou o seu trabalho pedagógico no domínio da prática orquestral em 1994, apenas dois anos após a sua fundação.

O formato original consistia em vários encontros anuais (normalmente quatro) com a duração aproximada de duas semanas, nos quais os alunos participantes não só realizavam práticas orquestrais, como também recebiam aulas de instrumento, aulas de análise musical, música de câmara e outras actividades transversais, como ioga ou técnica de Alexander. Os encontros terminavam com um concerto final e, mesmo nos últimos anos, com a gravação em CD do concerto, que acompanhava a brochura promocional da orquestra. Este sistema tem-se mantido até hoje com poucas variações.

A Escola manteve-se como EPO até 2001, ano em que passou a denominar-se *Orquesta Joven de la Sinfónica de Galicia* (OJSG).

O perfil dos alunos neste período era o de estudantes de conservatório com idades compreendidas entre os 13 e os 27 anos que tinham recebido uma formação musical no âmbito do currículo académico do plano de 1966. Como podemos recordar, neste plano a prática orquestral não era considerada como uma disciplina do currículo.

A origem dos alunos (Figura 10) neste momento era, com muito poucas excepções, da comunidade autónoma da Galiza. Como vimos, as províncias costeiras de A Coruña e Pontevedra têm uma maior tradição musical e isso também se reflecte na percentagem de alunos que provêm das referidas províncias (Figura 11). É interessante notar que a maior parte dos alunos de cordas são oriundos da província de La Coruña, enquanto que um número significativo de candidatos de instrumentos de sopro tem a sua origem na província de Pontevedra.

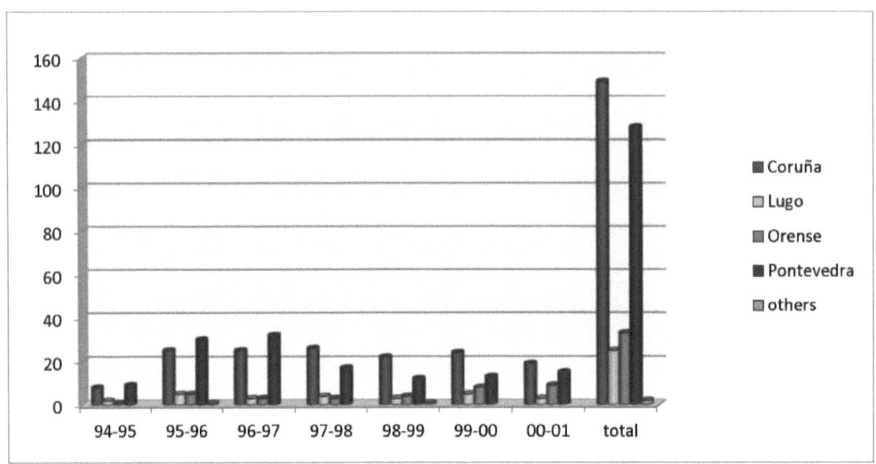

Figura 10: Origem por província.

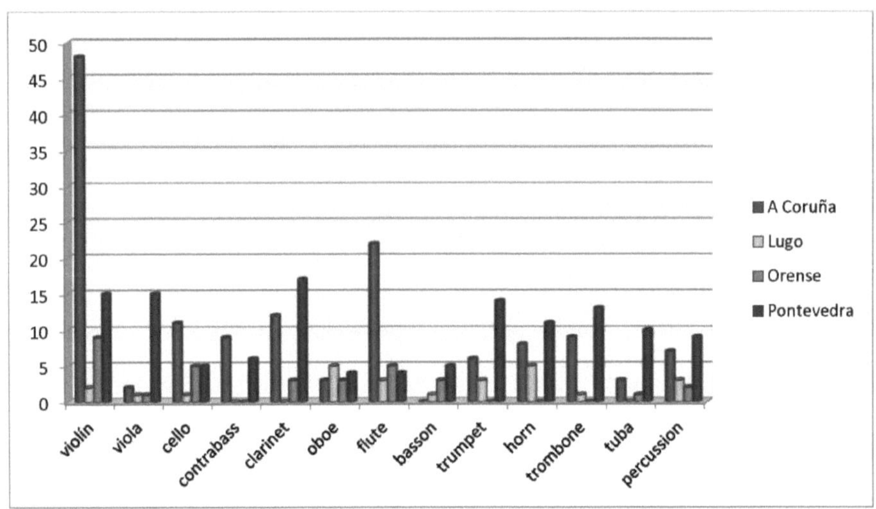

Figure 11: Origem por instrumento.

O tempo decorrido permite-nos ter uma visão retrospetiva da trajetória profissional dos alunos que passaram pelo IEP (Figura 12).

Os resultados dos inquéritos mostram que 51'51% dos estudantes da EPO são professores ligados à música em diferentes níveis; 47'87% desenvolvem uma atividade de ensino como professores de instrumento e os restantes desenvolvem outro trabalho pedagógico. Os 34'54% dedicam-se à performance musical em vários grupos (16'96% músicos de banda, 14'54% músicos de orquestra ou solistas, 3'03% músicos populares).

Uma pequena percentagem não se dedica de todo à música.

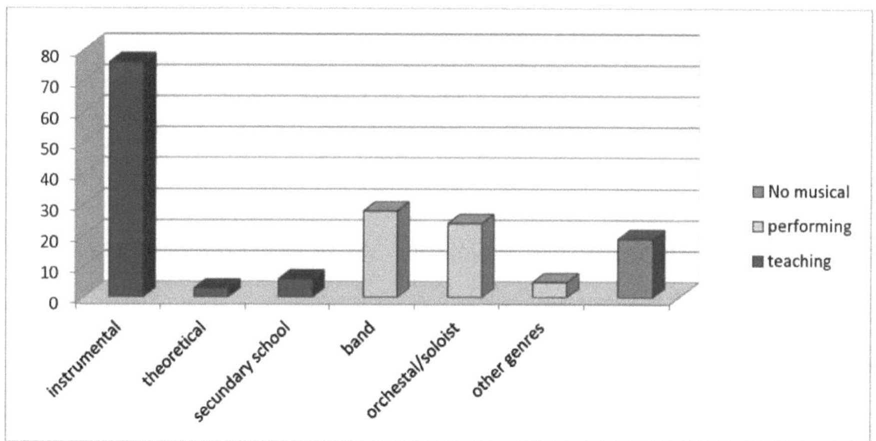

Figure 12: Percurso profissional dos estudantes do IEP.

12.2. - Filho Futuro.

Desde 2013 a OSG possui um programa educacional integrado que recebe o nome de *Son Futuro*[10] . Este programa (Figura 13) inclui actividades de ensino instrumental, trabalho coral e também actividades destinadas aos alunos em geral, tais como concertos didácticos e ensaios abertos. O *Coro Jovem* e os *Ninos Cantores* estão a meio caminho entre os dois tipos dc programas, porque têm uma orientação semi-profissional, considerando que o coro adulto da OSG é amador, o objetivo do *Coro Jovem* e dos *Ninos Cantores* é proporcionar uma formação vocal mínima para futuros mestres de coro, mas sem a orientação profissional que a OJSG pode ter.

10 O nome faz um trocadilho com o espanhol *son futuro* (eles são futuros) e o galego *son futuro* (som futuro).

Figura 13: Estrutura geral do Programa *Son Futuro*.

6.2.1. - O OJSG.

A partir de 2002, o IEP passou a designar-se OJSG e continuou a desenvolver as suas funções com pequenas variações.

A seleção dos candidatos é feita anualmente, com a convocação para os testes de acesso geralmente no outono. Os candidatos devem preencher uma série de requisitos, tais como ser estudante de um conservatório ou de uma escola de música ou ter concluído o curso nos últimos quatro anos. Ter cidadania da União Europeia e ter entre 16 e 22 anos de idade. Como se pode verificar, os requisitos de idade tornaram-se muito mais restritivos em relação às idades exigidas para os estudos oficiais.

Os encontros anuais continuam a ser quatro com os seus concertos correspondentes. A música de câmara será normalmente tratada em pelo menos um dos encontros, pelo que deixa de ser uma disciplina ministrada de forma complementar, o que permite aumentar o número de aulas particulares que os alunos recebem, que podem oscilar entre 8 e 14, dependendo do seu estatuto de alunos activos ou de pool.

Este período do trabalho pedagógico da OSG caracteriza-se fundamentalmente pela sua expansão. Os alunos não só provêm da Comunidade Autónoma da Galiza, como também chegam à OJSG candidatos de todas as províncias espanholas e os alunos do vizinho Norte de Portugal começam a ter uma forte presença. Este facto difunde um pouco a forte polarização entre províncias e instrumentos que se podia verificar no primeiro período da escola, já que, por exemplo, os instrumentos de sopro do Norte de Portugal começam a ter uma presença importante competindo com Pontevedra (Figura 14).

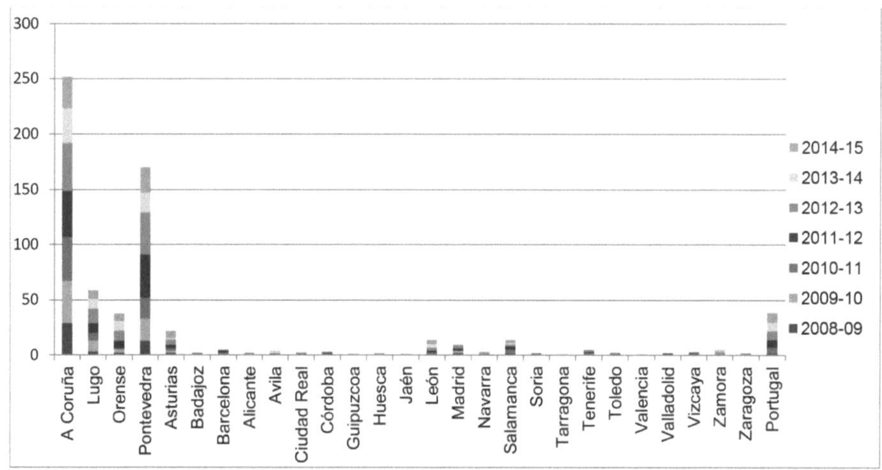

Figura 14: Origem por província/país

Não obstante o anterior, ainda podemos observar esta tendência, embora as diferenças entre províncias em muitos aspectos comecem a equilibrar-se. Podemos ver, por exemplo, como os clarinetes e as flautas de Pontevedra e A Coruña quase igualaram a sua presença, enquanto que a corda original de A Coruña continua a ser muito importante. Os instrumentos de metal continuam a ser muito importantes na província de Pontevedra, duplicando nalguns casos para o resto das províncias, como no caso do trompete ou do trombone (Figura 15).

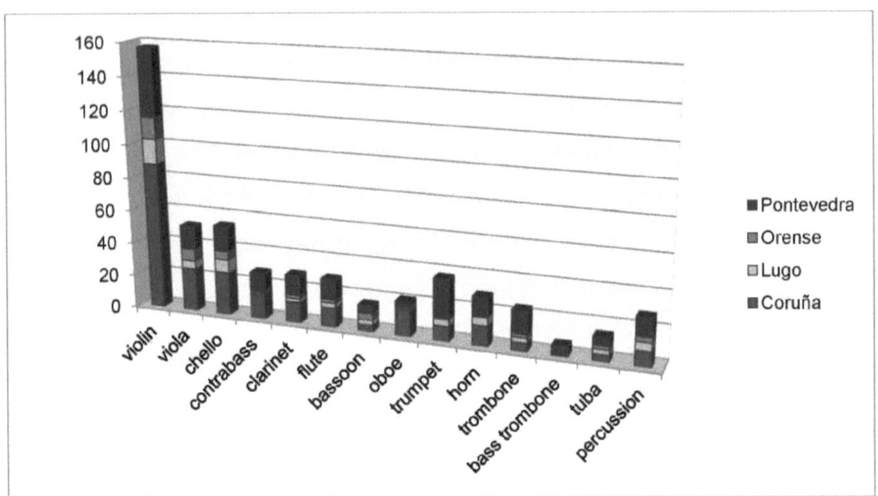

Figura 15: Origem por instrumentos desde 2008

É de salientar a diversificação da oferta instrumental e o aumento progressivo do número de alunos da escola, que atinge 80 participantes nos últimos convites.

A evolução e progresso dos alunos deste período revela um aumento daqueles que seguem a sua formação em instituições estrangeiras, nomeadamente na Alemanha, Norte da Europa e Holanda, e em alguns agrupamentos orquestrais semelhantes à Joven Orquesta Nacional deEspana (JONDE), como a European Union Youth Orchestra ou a Gustav Mahler Orchestra.

É de salientar que as novas medidas adoptadas nas políticas europeias em matéria de programas e bolsas de mobilidade contribuíram para melhorar as possibilidades dos estudantes nos últimos anos.

6.2.2. - O ONSG.

A *Orquesta de Ninos de la OSG* (Orquestra *de* Crianças da OSG) (ONSG) iniciou as suas actividades em 2010 e faz parte do programa mais vasto e ambicioso *Son Futuro*.

Os critérios de admissão ao ONSG são os mesmos que os do OJSG, mas este destina-se apenas a instrumentistas de cordas que devem estar inscritos num conservatório elementar ou intermédio ou numa escola de música. É igualmente exigido um teste anual aos candidatos, como acontece com os alunos mais velhos.

Relativamente à idade, a orquestra passou a receber alunos com idades compreendidas entre os seis e os quinze anos, (Figura 16) embora casos diferentes pudessem ser excecionalmente considerados pelo júri. Estes critérios foram alterados e, assim, estabelecidos como se segue:

- Violino e viola: entre os sete e os quinze anos.
- Violoncelo: entre os sete e os dezasseis anos.
- Contrabaixo: entre os sete e os dezassete anos.

Os alunos estão divididos em dois grupos: júnior (dos seis aos onze anos) e sénior (a partir dos doze anos), mas não se trata de uma classificação fixa e, em função das suas capacidades instrumentais, os alunos mais novos podem pertencer ao grupo sénior e vice-versa.

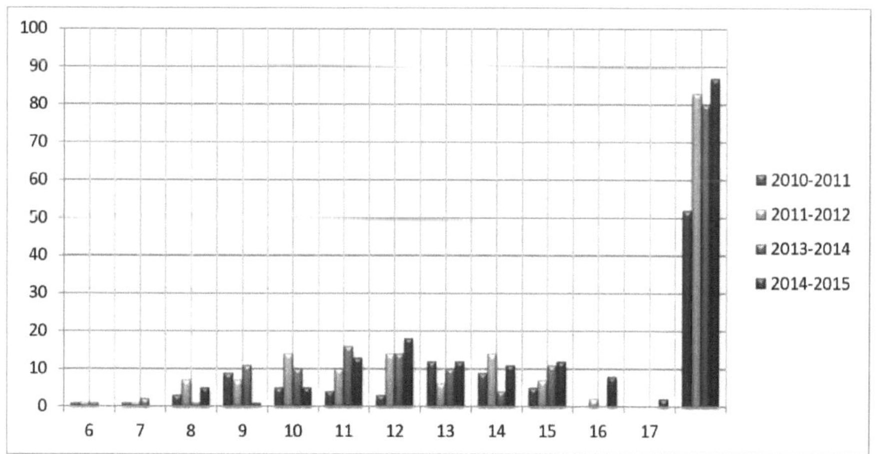

Figura 16: ONSG por idades desde o seu início.

A origem dos jovens músicos restringe-se à Galiza. Existe uma diferença significativa entre A Coruña e o resto das províncias (incluindo alguns alunos que vêm da província vizinha de León) (Figura 17). A idade precoce das crianças é um aspeto muito importante e decisivo relacionado com esta tendência. A idade precoce das crianças é um aspeto muito importante e decisivo relacionado com esta tendência, devido à longa viagem que pode significar a presença das crianças nos encontros de orquestra.

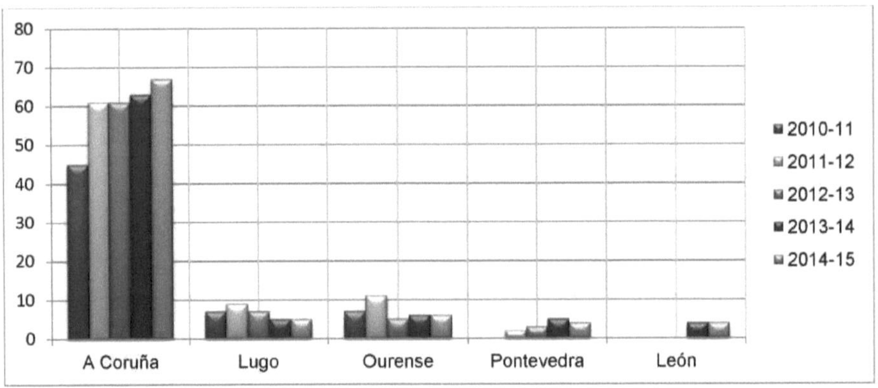

Figura 17: ONSG por origem.

É de salientar que 21 dos 146 alunos que passaram pela ONSG na sua breve história são atualmente alunos da OJSG ou foram membros da OJSG e completam agora a sua formação noutros centros, o que demonstra uma continuidade na sua formação musical. O número é significativo se tivermos em conta que a grande maioria dos membros da ONSG acedeu ainda jovem e está na fase inicial da sua formação académica.

6.2.3. - Os Concertos Didácticos.

O OSG não está associado à Rede ROCE, no entanto a sua atividade pedagógica tem sido intensa desde a sua criação, apesar de ter vindo a mudar e a passar por diferentes fases e modelos ao longo da sua trajetória.

Quando a OSG iniciou a sua carreira, na temporada de 1992-93, os concertos didácticos já estavam incluídos no seu projeto educativo. No programa anual publicado no seu primeiro ano de atividade, a OSG estabeleceu uma declaração de intenções a este respeito:

A criação da Orquestra Sinfónica Galega, como se tornou evidente na sua apresentação, significará para toda a nossa comunidade uma grande transformação nas suas relações com a música culta, tornando possível que todos os cidadãos acedam de forma habitual e não ritualizada a um concerto, a uma ópera ou a um ensaio, e que isto, especialmente para as crianças e jovens, se torne um hábito que passe a fazer parte do seu lazer, formação e prazer.

Para atingir este objetivo, o Consórcio para a Promoção da Música, que gere a Orquestra Sinfónica da Galiza, desenvolveu este programa para chegar a 26.000 alunos da E.G.B. (OSG, 1992)[11] .

Para tal, propunha dois tipos de actividades. Por um lado, os concertos didácticos, planeados em três níveis diferentes de acordo com a etapa da E.G.B.[12] a que se dirigia e cujo objetivo era dar a conhecer os vários estilos, autores e etapas históricas, dando também a conhecer as diferentes secções de uma orquestra. Estes concertos realizar-se-iam ao longo do curso em várias sessões de janeiro a abril. Por outro lado, os concertos extraordinários, que seriam um único concerto no final do curso, em maio, com uma abordagem mais lúdica, dirigida ao público escolar.

Nesse ano foram realizadas quatro séries de concertos didácticos para diferentes níveis da EGB (treze concertos no total) e os concertos extraordinários de fim de curso (um total de quatro) no Coliseu (edifício com maior capacidade que o Palácio de Congressos soothes da OSG, 11.000 lugares em comparação com apenas 1729 do Palácio de Congressos, agora Ópera). Todos eles tiveram como apresentador Fernando Argenta e a sua companheira de Clássicos Populares, Araceli Fernàndez Campa. A estrutura era baseada em pequenos fragmentos e movimentos de obras conhecidas

11 Tradução própria, texto original: La creación de la Orquesta Sinfónica de Galicia, como se puso de manifiesto en su presentación, va a suponer para toda nuestra comunidad una gran transformación en sus relaciones con la música culta, al hacer posible que todos los ciudadanos accedan de forma habitual y desritualizada a un concierto, a una ópera o a un ensayo y que ello, sobre todo para los niños y los jóvenes, se convierta en un hábito más, que pase a formar parte de su ocio, de su formación y de su placer.
Para conseguir este objetivo, o Consorcio para la Promoción de la Música, entidade que gere a Orquesta Sinfónica de Galicia, elaborou este programa para chegar a 26.000 escolas de E.G.B

12 E. G. B. era o acrónimo de Ensino Básico Geral, que correspondia a alunos com idades compreendidas entre os seis e os catorze anos. Este plano de estudos durou até ao ano de 2003, altura em que foi definitivamente extinto para dar lugar ao LOGSE já referido.

de Vivaldi, Tchaikovski, Offenbach, Rimski-Korsakov, etc. Após este primeiro impulso, esta estrutura manteve-se durante mais alguns anos, embora a presença do apresentador tenha sido reduzida a um par de concertos didácticos do total.

A partir da temporada 1995-96 são introduzidos os *concertos familiares*, que reproduzem o mesmo programa que os concertos didácticos, mas em vez de se dirigirem às escolas, destinam-se a famílias com menores. O narrador destes concertos começa a ser Fernando Palacios e o diretor começa a ser regularmente Alejandro Posada e não o maestro chefe da OSG como aconteceu nos primeiros anos. A estrutura continua a ser a interpretação de fragmentos ou mesmo obras completas, quase sempre de carácter programático.

Na temporada 1996-97 introduz como novidade os concertos para pré-escolares, dirigidos ao público de idades mais precoces. Nestas ocasiões, a OSG encomendou obras ad hoc para tais ocasiões, como *La princesa y la pardela* de Xavier Paz ou *O gatipedro* de Santacreu Cabrera.

Na temporada 1999-00 é realizado um projeto para levar os concertos didácticos às crianças surdas, com uma obra encomendada pela OSG para essa ocasião. *El Concierto de los sentidos* (O concerto dos sentidos) de C. Verdù. A planificação e execução do projeto estiveram a cargo de José Antonio Abad, então Diretor do Departamento de Difusão Musical da Orquestra Sinfónica da Galiza. A música encomendada para os concertos baseou-se em diversos parâmetros (pulsação, frequência, amplitude e timbre) recolhidos numa exaustiva investigação prévia para adaptar a composição às capacidades perceptivas do público-alvo. As ferramentas utilizadas incluíam não só a composição musical específica, mas também aspectos ambientais como a iluminação da sala, as partituras gráficas, os movimentos do maestro, etc. (Abad, 2002).

Nos últimos anos, o Consórcio para a Promoção da Música tem vindo a contar progressivamente com a colaboração de outros agrupamentos como a Banda Municipal, a Orquestra do Conservatório, as várias orquestras da Escola Municipal, formações de câmara integradas por membros da OSG (como o *Zoar Ensemble*, o *Grupo Instrumental Siglo XX* ou a *Orquestra de Câmara da OSG*), bem como outras bandas de jazz, pop, etc. Os concertos didácticos que se realizavam na sala principal do Palácio de Congressos passaram a realizar-se em várias salas mais pequenas do próprio edifício e noutros espaços municipais da cidade, como a Ágora ou o Fórum Metropolitano. Isto, longe de diminuir a importância dos concertos didácticos, normalizou-os como uma atividade regular dentro das programadas pela OSG para toda a temporada. Já não são concertos pontuais que, por serem extraordinários, requerem espaços importantes e enormes; o seu número duplicou por temporada, dos primeiros treze concertos em 1992 passaram a quase trinta na temporada atual.

O departamento didático da OSG desenvolveu, nos últimos anos, guias didácticos disponíveis para as escolas, onde são desenvolvidas unidades didácticas completas para utilização na sala de aula antes de assistir aos concertos. Todos os interessados podem descarregá-los diretamente do seu sítio Web e consistem num guia completo com objectivos, calendarização, diferentes actividades e uma análise das partes a interpretar. Tudo isto adaptado às faixas etárias a que se destina. O mesmo sistema é utilizado para os ensaios abertos que, dirigidos aos níveis ESO[13] e Secundário, também têm os seus guias didácticos correspondentes. Para a assistência é necessário um pedido prévio por parte do centro educativo e uma adjudicação necessária com base em critérios estabelecidos pelo Serviço Municipal de Educação.

13 E.S.O. é o acrónimo de Ensino Secundário Obrigatório, que se refere aos alunos com idades compreendidas entre os doze e os dezasseis anos.

1.3. - Projeto Resuena

O Projeto Resuena, em colaboração com a Abanca Obra Social (antiga Fundação Caixa Galicia), é um projeto mais próximo do modelo do Sistema de Orquestras Juvenis da Venezuela, oferecendo instrução musical a crianças em risco de exclusão social. Este é o projeto mais jovem que a Orquestra começou a desenvolver, tendo começado a funcionar apenas em 2014.

Com o patrocínio da Abanca Obra Social, é desenvolvido em dois centros da cidade (um centro social de propriedade municipal e uma escola pública) e consiste principalmente no ensino instrumental de crianças em risco de exclusão social que não só recebem aulas e instrumentos emprestados gratuitamente, mas já começaram a realizar concertos para o público.

Em junho passado, 186 crianças incluídas no projeto ofereceram um concerto aberto na Ópera.

7. - Conclusões.

O OSG surge num período de florescimento de novas instituições culturais. Um florescimento que tem a sua origem em diferentes factores, mas que está fundamentalmente relacionado com as mudanças democráticas que modificaram em profundidade as estruturas do Estado. A descentralização das competências do Estado em matérias como a educação ou a cultura favoreceu a criação de infra-estruturas específicas para as Comunidades Autónomas que assumiram as referidas competências. É significativo notar que o momento de maior investimento em programas culturais (por volta de 1990) é também o momento de uma crise económica que eclodirá em 1993.

As Comunidades Autónomas recém-saídas do período democrático, especialmente as chamadas "Comunidades Históricas"[14] , têm um forte desejo de autogestão e de promoção da sua própria cultura distintiva. Com este objetivo, foram criados vários órgãos administrativos para gerir as questões culturais, como o *Consello da Cultura Galega*.

Neste cenário democrático, a vontade de democratizar a cultura levou também a um forte investimento do governo para atingir esse objetivo. O Plano Nacional de Auditórios foi desenvolvido precisamente para dotar as Comunidades Autónomas de espaços para levar a cultura a todos os públicos. A consequência necessária desta construção de infra-estruturas foi a fundação de novas orquestras associadas a estes novos espaços.

Estas novas orquestras cedo compreenderam a necessidade de programas educativos que servissem, por um lado, para atrair novos públicos e cumprir essa função de democratização da cultura que lhes tinha sido atribuída; e, por outro lado, para oferecer a oportunidade de formação prática aos alunos dos Conservatórios e escolas de música.

A legislação educativa em Espanha tem sido muito irregular na sua atenção

14 Trata-se das Comunidades Autónomas que obtiveram um estatuto de independência com a Constituição Republicana de 1931.

à formação musical. Ao longo das várias leis de educação, a prática instrumental dos alunos tem sido mal definida. Apesar das deficiências, o processo democrático também implicou uma melhoria geral na educação musical quando as Comunidades Autónomas assumiram as competências educativas. Criaram-se novos centros de educação musical de carácter público e promoveu-se a existência de escolas tanto municipais como privadas.

Na Comunidade Autónoma da Galiza, a prática instrumental e mesmo o ensino da música no seu conjunto tinham sido exercidos pelas bandas de música, que, graças à descentralização, tiveram um período de expansão precoce (cerca de dez anos antes dos conservatórios e das escolas).

Nas províncias costeiras da Galiza, graças às infra-estruturas comerciais marítimas, surgiu uma burguesia abastada que, graças a essas mesmas rotas comerciais, pôde estabelecer uma maior tradição musical. Instrumentos musicais, partituras e até novas tendências musicais viajavam por estas rotas. Isto fez com que, atualmente, estas mesmas províncias se destaquem pelo número e qualidade dos centros de ensino musical e pela oferta musical em geral.

A OSG começou a oferecer formação musical em 1994, através da EPO. Este primeiro período limitou-se principalmente aos estudantes da Comunidade Autónoma que, até esse momento, não tinham outra oportunidade de tocar em grupo para além das bandas.

A dedicação profissional dos músicos que se formaram neste período na EPO é essencialmente o ensino, seguido da atuação como músico profissional. Um número muito significativo de professores que leccionam em conservatórios conta hoje em dia com a EPO no seu curriculum vitae.

Progressivamente e com a OJSG, os alunos da Orquestra começaram a diversificar-se e a aumentar em número e qualidade. Os candidatos começaram a vir de todas as partes de Espanha e até, num número muito relevante, de Portugal, especialmente do norte.

Os resultados do ensino da OJSG começam a ser vistos no número crescente de alunos que ingressaram em escolas de prestígio ou mesmo que alcançaram posições em orquestras importantes de toda a Europa.

Desde 2010 a GSO tem também uma Orquestra Infantil ONSG, destinada a idades mais precoces mas igualmente pensada para oferecer a oportunidade de ter uma formação instrumental e orquestral aos alunos dos cursos elementares do conservatório. Esta Orquestra Infantil começa por servir de formação antes da passagem para a Orquestra Jovem. Embora até agora só tenha em conta os alunos de cordas.

Em 2013 a OSG decidiu unificar num único projeto os coros OJSG, ONSG, Juvenil e Infantil e os concertos didácticos, bem como os concertos familiares e os ensaios abertos. A este projeto foi dado o nome de Son Future.

Desde o seu início, a orquestra dedica uma parte do seu esforço a oferecer concertos didácticos na sua programação anual. Os objectivos estão em linha com a intenção de democratizar a cultura que já mencionámos.

Com o passar do tempo, os concertos didácticos deixaram de ser meros concertos comentados para se tornarem unidades didácticas bem elaboradas e melhor adaptadas ao público-alvo. Os executantes destes concertos tornaram-se também grupos mais pequenos e versáteis, mesmo externos aos membros da orquestra, o que permitiu um aumento da oferta. Nos últimos tempos, o número de concertos com carácter pedagógico triplicou.

Finalmente, a OSG tem vindo a aumentar a sua presença em eventos públicos relacionados com concertos de beneficência ou com as festividades da cidade. Nesses concertos, a orquestra costuma executar repertório mais leve, como trilhas sonoras e música popular. Este facto fez da Orquestra uma instituição muito apreciada pelos cidadãos. Mesmo aqueles que nunca assistiriam a um concerto regular.

Assim, em termos gerais, a OSG significou uma melhoria substancial do nível de educação musical no seu ambiente, tanto a nível profissional como na formação do público em geral.

8. - Referências.

ABAD, J. A. (2002). Concierto de los sentidos. Un concierto didàctico para sordos [Concerto dos sentidos. Um concerto didático para surdos]. *Eufonia.24,* 110-122.

ADORNO, Th. W. (1984). *Obra completa, Escritos musicales V (vol. 18).* Madrid: Akal. (Obra original publicada em 1930).

AEJO, ASOCIACIÓN ESPANOLA DE JÓVENES ORQUESTAS: [Associação Espanhola de Jovens Orquestras]. http://www.aejo.org/miembros.asp [acedido em: 15/11/2015]

AEOS, ASOCIACIÓN ESPANOLA DE ORQUESTAS SINFÓNICAS: [Associação Espanhola de Orquestras Sinfónicas]. http://www.aeos.es/ [acedido em: 15/11/2015]

ALONSO SANTANA, S. A. (2015). *Conciertos Escolares de la Fundación Orquesta Filarmónica de Gran Canaria (1992-2015)* [Concertos escolares da Fundação Orquestra *Filarmónica de Gran* Canaria (1992-2015)]. Tese de Doutoramento, Universidade de Las Palmas de Gran Canaria, Departamento de Didática Especial.

BERNSTEIN, L. (2005) *Young People's Concerts.* Nova Jersey: Amadeus Press.

CAMARA, A. CANADA, M. ALBAINA, M. IARRINAGA, I (2012). *Acercar la mùsica a través de programas educativos en la CAPV: miradas desde la diversidad de pùblicos* [Aproximar a música através de programas educativos no País Basco: olhares a partir da diversidade de públicos]. Donostia: Fundación BBK.

CID CASTRO, M.J. (2012). "Los conservatorios superiores de Galicia durante la LOGSE" [Os conservatórios superiores da Galiza durante a LOGSE]. *Revista Eletrónica de LEEME (Lista Europea Eletrónica de Mùsica en la Educación) 29, 1 -22* http://musica.rediris.es/leeme

CONSELLERiA DE EDUCACIÓN, XUNTA DE GALICIA (2017). https://www.edu.xunta.es/centroseducativos/ [acedido: 25/04/2017]

CSO (Orquestra Sinfónica de Chicago). (2010). *Frederick Stock.* Arquivos Rosenthal.

https://cso.org/globalassets/about/rosenthal-archives/pdfs/frederick stock.pdf [Acedido em: 16/06/2017].

DECRETO de 15 de junho sobre a organização dos conservatórios de Música e Declamação. BOE de 4 de julho de 1942, n° 185: 4838-4840.

DECRETO 2618/1966, de 10 de septiembre, sobre Reglamentación general de los conservatorios de Mùsica. BOE de 24 de outubro de 1966, n° 254: 13381-13387.

ENCICLOPÉDIA BRITÂNICA. (2014). Walter Damrosch [versão online]. Encyclopædia Britannica, inc.

https://www.britannica.com/biography/Walter-Damrosch [acedido em: 14/06/2017].

FGBMP, FEDERACIÓN GALLEGA DE BANDAS DE MÙSICA POPULAR:

http://bandas.gal/?id=257&no_cache=1 [acedido em: 25/04/2017]

GARRE MARTiNEZ, A. (2008). *Modelos de gestión de las orquestas de jóvenes en Espana. Estudio de casos.* [Modelos de gestão das orquestras de jovens em Espanha. Estudo de casos] (Mestrado em Gestão Cultural: Música, Teatro e Dança. Instituto Complutense de CC Musicales).

| GAEM, INSTITUTO GALEGO DE ARTES ESCENICAS E MUSICAIS (2001 *). Anuario de Bandas de Mùsica de Galicia 2001*. santiago de compostela: iGAEM.

IGLESIAS ALVARELLOS, E. (1986). Las Bandas de Mùsica de Galicia [As bandas de música da Galiza]. Lugo: Alvarellos.

LEY ORGANICA 1/1981. 6 de abril de 1981, de Estatuto de Autonomia para a Galiza BoE 101, 28 de abril de 1981, 89979033.

LÓPEZ COBAS, L. (2008). "Las bandas de mùsica en Galicia: aproximación al caso de la ciudad de A Coruna en el s. XIX" [As bandas de música na Galiza: aproximação ao caso da cidade de A Coruna no s. XIX]. Revista de Musicologia XXXI, 1. Madrid: SEDEM.

LÓPEZ COBAS, L.(2013). *Historia da Mùsica en Galicia* [História da música na Galiza] sarria, Lugo: Ouvirmos.

MECD, MINISTERIO DE EDuCACIÓN, CuLTuRA Y DEPORTE [Ministério da Educação, Cultura e Desporto]. http://www.mecd.gob.es/prensa-mecd/actualidad/2015/09/20152509-encuesta.html [acedido: 24/06/2017].

MEGiAS QUIROS, I. y RODRiGUEZ SAN JULIAN, E. (2003). *Jóvenes entre sonidos: Hâbitos, gustos y referentes musicales* [Jovens entre sons: Hábitos, gostos e referências musicais]. Edición Injuve-FAD. Disponível em http://www.injuve.es/sites/default/files/2017/19/publicaciones/estudioso_nidos 0.pdf [acedido: 29/06/2017]

MORAN, A. R. (2017). *Um estudo sobre a história e as práticas actuais de criação e apresentação de concertos para jovens em orquestras americanas.* Tese de doutoramento, Universidade de Indiana.

NEW YORK PHILHARMONIC ORCHESTRA, (arquivos digitais de Leon Levy). Em http://archives.nyphil.org/index.php/search?search-type=singleFilter&search-text=young+people&search-dates- from=&search-dates-to= [acedido: 26/06/2017].

OBSERVATORIO DA CULTURA GALEGA. 2017.

http://observatorio.consellodacultura.gal/temas/grafica/id/2432 [acedido em: 17/06/2017].

OLSEN, K. A. (2009) *The Contributions of Leonard Bernstein to Music Education and Audience Development*. Tese de Mestrado da The Crane School of Music, Potsdam, Nova Iorque.

OSG. (1992). *Orquesta Sinfónica de Galicia, temporada 92-93* [Orquestra

Sinfónica da Galiza, temporada 92-93]. Consorcio para la promoción de la Mùsica, p.31.

OSG, Programa Son Futuro, web institucional: https://sonfuturo.wordpress.com/ [acedido: 26/06/2017].

OSG, Programa Resuena, web institucional: http://www.sinfonicadegalicia.com/es/abanca/ [acedido: 27/06/2017].

PALACIOS, F. (2015). La gran explosión de los conciertos didàcticos [O grande boom dos concertos didácticos]. *Eufonia Didàctica de la mùsica 64*, 7-18.

PÉREZ RODRiGUEZ, J. (2003). Hacia una educación musical para el futuro: el concierto didàctico. *LÉEME, Revista da Lista Europeia de Música en la Educación*. 11 ,1-4. Disponível em: https://ojs.uv.es/index.php/LEEME/article/view/9741/9176 [acedido em 25/06/2017].

REAL DECRETO 617/1995, de 21 de abril, pelo qual se estabelecem os aspectos básicos do currículo do grau superior das ensenanças de Música e se regula o teste de acesso a esses estudos. BOE de 6 de junho de 1995, n° 134: 16607-16631.

REAL DECRETO 631/2010, de 14 de mayo, pelo qual se regula o conteúdo bàsico das ensenanzas artísticas superiores de Grado en Mùsica establecidas en la Ley Orgànica 2/2006, de 3 de mayo, de Educación. BOE de 5 de junho de 2010, n° 137: 48480-48500.

ROCE: RED DE ORGANIZADORES DE CONCIERTOS EDUCATIVOS Y SOCIALES. 2017. https://rocemusica.org/roce/ [acedido: 27/06/2017].

RODRiGUEZ FERRANDIZ, R. (2010). Mùsica clàsica y medios de comunicación [Música clássica e meios de comunicação]. Barcelona: *Tripodos*, 26, 95-105.

RODRiGUEZ MORATÓ, A. y RUBIO ARÓSTEGUI, J.A. (2008). *Subvenciones Pùblicas en Artes Escénicas en Espana: volumen económico, modelos de decisión y eficacia de los objetivos.* [Subvenções públicas em artes cénicas em Espanha: volume económico, modelos de decisão e eficácia dos objectivos] Relatório de Investigação. Madrid: Red Nacional de Teatros y Auditorios de Espana. http://dx.doi.org/10.5209/revRECI.2013.v10.44048 [acedido em: 24/10/2015].

RUiZ RODRiGUEZ, A. (2015). El papel de la mùsica en la construcción de una identidad durante la adolescenza ^Dime qué escuchas y te diré quién eres? [O papel da música na construção de uma identidade durante a adolescência. Diz-me o que escutas e dir-te-ei quem és...]. *Sineris Revista de Musicologia,* 22, 1-42.

SEMPRÙN, J. (1989). *Comparecencia del señor Ministro de Cultura para informar sobre las directrices y objetivos de su Departamento, a solicitud de la Senadora senora Sainz Carcia* [Comparecimento do Senhor Ministro da Cultura para informar sobre as directrizes *e objectivos* do seu Departamento, a pedido da Senadora *senora* Sainz Carcia]. Cortes Gerais: Diario de Sesiones del Senado. Sessão de 19 de abril de 1989. Comisiones, 160: Madrid.

SOCIEDAD GENERAL DE AUTORES Y EDITORES (SGAE). (2013). *Libro blanco de la mùsica en Espana 2013* [Livro branco da música em Espanha 2013].Disponível em:

http://www.promusicae.es/libroblanco/2013/es/libro_blanco.pdf [acedido: 24 /06/2017].

TURINA, J. L. (2008). "Las jóvenes orquestas y la formación musical de caracter profesional" [As orquestras jovens e a formação musical de carácter profissional]. *Revista Neuma.* Ano I: 74-80.

Printed by Books on Demand GmbH, Norderstedt / Germany